Poemas y cuentos para tu alma Vol. 1

TE AMO

Poemas para guardar en el alma y escuchar con el corazón

2021

www.analiaexeni.com

Dedicatoria

Para mi amada hija, Delfina, la razón de mi existir.

Muchas gracias por brindarme el honor más grande de mi vida, el de ser tu mamá.

Te amo, hijita.

ÍNDICE

Prólogo

¡Me amo y me respeto! A pesar de todos los infortunios de la vida, nunca me doy por vencida. El amor que siento por mí misma es perpetuo, porque lo cultivo a diario. **El dolor siempre aparece, pero son las cicatrices lo que me permite ser más fuerte y agradecida. Es justamente, la gratitud, lo que ha elevado mi existencia a una dimensión paradisíaca.**

Amo la vida y todos los matices de ella, amo infinitamente a la Madre Naturaleza, porque ella a diario nos regala cosas maravillosas. El amor por la naturaleza puede llegar a ser apasionante si te detienes a observarla. Tengo un hermoso ritual al respecto, me levanto a las seis de la mañana para ver el amanecer. Preparo el mate y siempre le pongo un sabor especial para intensificar mi ritual, por ejemplo, un toquecito de café, queda realmente exquisito. El amanecer se hace esperar, no comienza sino hasta después de 6:50 am en esta fecha, cuando ya estamos en primavera, pero esa espera es justamente la que lo hace especial porque la espera es tan deliciosa como el espectáculo. En primera fila estoy ubicada con mi mate y mi corazón abierto como un portal esperando que la magia se haga presente y me llene de felicidad cada nuevo día. Cuando la primera luz del amanecer comienza a colorear el cielo negro... la dicha se hace infinita.

Vivo en un lugar con bonitas sierras y diariamente disfruto de un espectáculo único que es ver el rubor encendido de esas enormes montañas al compás del cielo. Observo y disfruto con todos mis sentidos, con atención plena, al compás de música clásica o música celta. Esto me llena de energía y me embellece por dentro.

El amanecer tiene diferentes matices, diferentes colores y hay un momento muy especial en el que el cielo se enciende por completo de rojo fuego… ese es el momento de máximo esplendor y mayor emoción, de pasión, de admiración infinita.

Precisamente en ese minuto mi felicidad es completa…

Me quedo estupefacta mirando la inmensidad y yo también me siento gigante, todopoderosa, unida a la magia de la naturaleza, a la magia de Dios que se une a mi vida y me alimenta de energía.

¡Cuánta dicha!

Es justamente con este escenario majestuoso que he escrito estos poemas que brotan de mi alma y se abrazan con la tuya.

¡Muchas gracias por existir y ser parte de lo mejor de mi vida… ¡Te abrazo con mi alma y te bendigo!

Analía Exeni

Fundadora de editorial Ediciones Autores de Éxito®

www.analiaexeni.com

Cofundadora de Sagas de Éxito® y Universidad de Éxito®

www.sagasdexito.com

¡ME AMO!

Me amo, me respeto, me valoro, me perdono y me bendigo.

Excelente es la vida cuando el amor es mi camino.

Amo la vida y la honro.

Mi existencia se viste de fiesta cada nuevo día que habito.

Orquesta de pájaros palpitan en mi pecho y el amor se hace infinito.

¡TE AMO!

Te llevo siempre en mi corazón. Te amo, te respeto, te valoro, te perdono y te bendigo.

Eres muy importante en mi vida. Te honro.

Amo la luz de tu alma. Esa que es diamante de dicha.
Me motivas a ser una mejor persona todos los días.
Orgullosa estoy de ti y del universo que juntos formamos, por todo eso, y mucho más, ¡te amo de manera incondicional!

Te amo con todo mi corazón

Te amo con el terciopelo de la mañana dibujando promesas en tu cara dormida.

Te amo en el silencio de tu boca cerrada.

Te amo en cada letra del abecedario y en el murmullo de las palabras que aún no han sido inventadas.

Te amo en un cielo estrellado.

Te amo en el misterio de la Vía Láctea.

Todo el amor que puedas imaginar no es suficiente para saciar lo que existe en mi alma.

Te amo… Porque amándote a ti, aprendí a amarme a mí.

Te amo porque tu boca es un manjar del que nunca me sacio.

Te amo porque eres un sueño del que nunca quiero despertar.

Te amo porque amándote desenfrenadamente a ti, me amo de la misma forma a mí.

Soñar y sonreír

Despertar y ver el sol,

sonreír y ver el amor.

En los ojos de un hijo ver a Dios.

Son milagros que nos llenan el corazón,

que nos hacen latir,

que colman nuestros pulmones con una suave fragancia de amor,

que nos acarician el alma con terciopelo de azúcar de algodón

transformando la vida en un pétalo perfumado de la más bella flor.

Sentir la caricia de la nieve y la tibieza de un rayo de sol.

Cada día es un desafío, de nosotros depende el milagro del amor.

Hay días soleados,

hay días nublados,

pero una sonrisa siempre agrega un tinte colorido, con intensa gama de color.

Sonreír es el mejor regalo para un corazón herido,

para un corazón florido.

No importa la ocasión…

Tu sonrisa es el obsequio más bello,

que siempre guardaré en mi corazón.

Soñemos con un mundo lleno de sonrisas

para honrar la alegría y la dicha de tener cada día salud y sustento.

Humildad al abrir los ojos y ver tanto milagro: plantas, flores, amigos, familia.

¡Cuánta fortuna, con solo abrir y cerrar los ojos a la magia de la vida!

Aquí y ahora tengo todo, tengo todo por el resto de mi vida.

Los sueños son pedacitos de cielo,

son un adelanto del paraíso que un día veremos.

Los sueños nos motivan a crecer y a triunfar;

los sueños son nuestros anhelos hechos realidad.

Soñemos despiertos y dormidos hilvanemos la vía láctea con nuevos sueños,

cultivemos el corazón con un paraíso interno.

Colmada de sonrisas y de sueños, la vida es un verdadero privilegio.

Delfina, colorida

¡Delfina!,

gracias por poner color en mi vida,

gracias por teñirla de arcoíris y brisa.

Estaba hundida en la oscuridad y me regalaste un sol tan grande que me iluminó el alma.

Tu luz es tan suave que se esconde en mi almohada

y me da sueños bonitos y despertares de lavanda.

Exquisita fragancia a ilusiones, sueños y muchas ganas,

ganas de vivir, de recorrer el mundo disfrutando los mares color turquesa en el que anidan delfines y corales.

Descubrir el mundo entero en las alas de un avión lleno de sueños,

viajando en primera clase, con tus ojos profundos, donde el cielo y el mar se unen en un solo parpadeo.

Princesa que haces de mi casa un palacio maravilloso,

que conviertes en realidad los cuentos de hadas.

Todo lo descubro de tu mano.

Todo es maravilloso si juntas lo intentamos.

Los charcos de agua, el barro, las botitas de goma, que hacen ruidos raros.

Todo es majestuoso en tu rostro dibujado.

Qué preciosas las estaciones cuando cambian de vestuario: rojo, verde, amarillo, blanco, dorado…

Qué bonita es la vida cuando estás conmigo y de tantos amaneceres disfrutamos;

aquellos de color violeta son tus favoritos, y yo los amo.

Mientras yo me hago vieja y vos te convertís en una bella joven,

los sueños se mecen y se anidan en mi regazo.

Toda la alegría.

Todos los helados.

Todas las lágrimas.

Todo el amor del mundo resumido en tu sonrisa.

Delfina,

así es la vida a tu lado:

simple y maravillosa,

colorida y hermosa.

Pequeña de ojos grandes,

por siempre en mi corazón;

te amo.

Nunca podrás imaginar hasta dónde puede llegar el amor que das...

El amor traspasa el universo, hace agujeros de gusano para unir a mujeres y hombres con mensajes mágicos.

Las cuatro estaciones de Vivaldi se escribieron alrededor de 1721.... Pero siguen cambiando vidas en la actualidad, motivando a estudiantes y profesores a cultivar la creatividad.

Una foto de un atardecer, tomada en un remoto lugar, en un día sin trascendencia, puede trascender décadas..., inspirando poesía, música y alegrando el alma de las personas que la contemplan.

El amor cruza fronteras, es internacional, viste ropa sencilla, pero guarda una riqueza infinita.

Nunca podrás imaginar hasta dónde puede llegar el amor que das...

No hace falta encontrar restos fósiles de dinosaurios para dejar una huella. Porque al dar amor estas dejando la mejor huella que puedes dejar en la humanidad.

El amor es el mensaje Divino que se nos ha confiado a los habitantes de esta tierra.

A través del amor abrimos puertas y ventanas de par en par.

El amor es la llave que abre todas las puertas del mundo y un poco más... ¿ya pensaste en explorar otros planetas?...

Nunca podrás imaginar hasta dónde puede llegar el amor que das...

Una madre acaricia a su niño y le besa la frente con tanto amor que puede curar una enfermedad.

Un anciano que está a punto de partir deja una carta como única herencia y en ella expresa el gran amor por su familia; siendo tan profundo su mensaje que inspira a las generaciones venideras...

Los inspira a triunfar, a conquistar sus sueños más elevados y principalmente los inspira a amar... porque el amor es la mejor herencia que podemos dejar en la tierra.

Vivir es el mayor privilegio de la existencia

Vivir es el mayor privilegio.

Es la dicha continua.

Es brindar sin motivo, es brindar por nada, por todo y por lo que vendrá...

Vivir es cultivar amor y luego regarlo con besos, abrazos y una pizquita de comprensión.

Vivir es sonreír siempre y, de vez en cuando, hacer pucheros, pero ¡nunca dejar de intentar!, a pesar de estar mordiendo el polvo o en la banquina.

Vivir es morir en los ojos azules de la vida, fundirte en la tibieza del sol, que jamás te negará una caricia.

Vivir es romper reglas de vez en cuando e innovar más a menudo.

¿Por qué?

Por muchas razones que desconocemos...

La vida es un constante recuerdo.

La vida es hoy, pero trae resabios de ayer..., a veces para bien; otras, para mal.

La vida es un enigma que muchas veces no podemos comprender.

La vida es un profundo misterio que debemos descifrar a diario.

La magia de la vida está escondida…, esperando a que vayamos a descubrirla.

¡Hoy es un excelente día!

Hoy es un excelente día tan solo por tenerte en mi vida.

Hoy es un excelente día porque el sol acaricia mis mejillas.

Hoy es un excelente día porque un pimpollo se ha transformado en rosa y aroma la existencia.

Hoy es un excelente día tan solo porque estoy viva.

Decálogo del optimismo

1. Solo por hoy, hago del pensamiento positivo una deliciosa caricia para mi cuerpo, mente y espíritu.

2. Solo por hoy, estoy totalmente convencido de que todo lo que me proponga ya es un triunfo a partir del primer paso.

3. Solo por hoy, bailo, canto y río muchísimo.

4. Solo por hoy, mi nivel de optimismo llega hasta el infinito.

5. Solo por hoy, veo el lado positivo de los desafíos.

6. Solo por hoy, le doy una mano sincera a un amigo.

7. Solo por hoy, saludo cordialmente y lleno de entusiasmo a todos los que se cruzan en mi camino.

8. Solo por hoy, vivo como si ya tuviera todos mis sueños cumplidos.

9. Solo por hoy, me enamoro intensamente de la vida.

10. Solo por hoy, el vaso está lleno y se desborda de optimismo.

Si escoges cualquiera de estas afirmaciones y la pones en práctica a diario por 365 días, habrás logrado desatar un superpoder y un magnetismo que te hará invencible. Te volverás una persona inquebrantable. ¡Te lo garantizo!

Plenitud

No deja de ser gris la vida si no hay en nosotros colores para poderla pintar.

Pintemos entonces un mundo pleno lleno de amor y felicidad.

De esperanzas y de alegrías para toda la humanidad.

Que todas las personas se contagien y padezcan la misma enfermedad:

felicidad, felicidad, felicidad.

Cambiemos el odio por una sonrisa

Y la guerra por la paz.

Olvidemos por un instante todo lo malo que existe y reconstruyamos la bondad.

Intentemos un futuro para todos

donde ya no haya cárceles para llenar;

donde la vida ya no sea de sinsabores

sino de los sabores más dulces que hay:

el sabor de las sonrisas, de darlas y recibirlas.

El sabor de la amistad que vale más que el oro porque no tiene precio.

El sabor de las cosas sencillas que siempre están:

una mañana de lluvia tibia,

un cielo rojo por demás,

la música de un pájaro,

la voz de la persona que amas.

Vivamos una vida más simple,

en plenitud,

con el corazón lleno de amor y de ganas de amar.

Vivir

La poesía más bella

me la da la vida

día a día.

Con cada despertar:

al saberme viva,

al respirar.

¡Qué dichosa es la vida cuando aprendemos a vivirla!

Cada nuevo día es un regalo

es una flor fresca que acabamos de cortar,

es un vaso de agua listo para beber,

es sed por saciar.

Cada día es lo que tenemos con seguridad,

es la realidad, es el sentir, es el vivir, es el bailar.

Cada nuevo día es la realidad soñada,

es el futuro concreto, es el secreto,

es el perfume recién puesto,

es la música que suena,

es el sabor de la comida,

es el amar, es el sonreír,

es la vida que abrazamos.

Es el palpitar,

es el existir.

Si amas la vida,

la vida te amará a ti.

Papá

Papá,

el de siempre y el de ahora,

el que añoro como una niñita tierna.

No estás en mi casa ahora,

aun cuando te busco con la mirada inquieta.

Tus ojos profundos son mares de agua fresca

donde navegan tus sueños y secretos de lejanas tierras.

Papá,

te busco incesantemente por cerros y bosques, por campos y sendas.

El tiempo nunca termina cuando al fin estás cerca.

Papá,

ya no soy la niña que veías crecer,

¡ahora soy una mujer!

Una mujer que te admira,

que admira tu fuerza.

Tus manos de hombre construyeron una vida.

Esta vida,

la mía,

no es más que la continuación de tu propia existencia.

Si hoy tengo esta luz en mis ojos

es por la claridad de tu estrella.

Flores de Dios

Madrigal.

Poesía.

Flores amarillas.

Ramillete de besos cubierto con promesas.

Las flores que Dios nos regala a diario son más hermosas que un poema.

Son tesoros para el alma.

Son verdades que no se pueden ocultar.

Son perfume a sándalo y rocío de primavera.

Las flores que Dios nos da son como una diadema de esperanza.

Mamá

Mamá,

eres la flor más bella que guardo en mi pecho.

Me das primavera aún en el invierno.

Eres tan linda como el sol que brilla en el cielo.

Estás conmigo… ¡Siempre!, aunque yo esté lejos.

Tu sonrisa tierna,

tus ojos tan sinceros

me dan alegría,

por eso yo te quiero.

Mamá,

ya no te puedo comparar a nada

porque no hay nada que a tu lado sea más bello.

Eres tan simple y tan pura,

eres maravillosa,

humilde,

con un corazón lleno de rosas.

Eres alegre y divertida,

contagias alegría, entusiasmo y sueños.

Mamá,

eres la flor más hermosa que tengo.

El sol

Sol.

Poderoso señor,

poderoso rey,

lucero incandescente lleno de vida.

Cuando despierto por ti mis ojos se iluminan.

Levanto mi persiana y palpo tu presencia cristalina,

mi casa se llena de vida.

Los cristales de mis ventanas sonríen cuando tu color las acaricia.

Es maravilloso ver un amanecer o una puesta de sol,

son poemas que cobran vida.

Me regocijo contigo.

Si estás soy feliz

si te vas estoy triste.

Tu vigor me da esperanzas.

Un día de sol es la mejor medicina para el alma.

Hoy es uno de esos días...

Hoy es uno de esos días donde el viento nos amontona como arena.

Donde la brisa es seda y lija.

Hoy es uno de esos días donde todavía no descubro por qué y para qué he nacido…

Pero se con certeza que la razón de mi vida es descubrirlo.

Cuando pase el invierno

Cuando la nieve de septiembre apague su fuego, en aquel lugar del valle te esperaré... aunque nunca se cumpla mi sueño.

Mi corazón seguirá latiendo por ti, aunque muy lejos tu corazón ya no pueda oír.

Tu mente y tu memoria se fueron con el tiempo.

En tus ojos solo hay oscuridad pues el sol ya no tiene color en tus sueños.

El tiempo se ha ido también para mí, ahora solo pretendo tener un sueño:

¡Toma mi mano!

Volvamos a soñar,

el tiempo ha regresado

solo debemos recordar.

¡Abre tus ojos!

Piensa en la persona que amaste y podrás amarla una vez más.

Y si la vida no se detiene,

y si el tiempo sigue creciendo

quedará nuestro amor en nuestros recuerdos:

Dos personas que se amaron más allá de la vida y el tiempo.

Cuando la nieve de septiembre apague su fuego volveré otra vez al valle a dejar flores sobre tu cuerpo.

Bajo el sol débil del invierno apagaré una lágrima sin el calor de tu pecho;

y si el sol ya no puede secar mi rostro,

y si ya no puedo tener un sueño,

le pediré a Dios que tome mi mano

y si esta noche puedo soñar... tal vez pueda llegar al cielo.

En busca del arcoíris

La lluvia tiene un cielo dorado que habla del cantar de la noche que viene a acariciar tu rostro e iluminarlo.

Somos seres maravillosos que viajamos a través de las estrellas en busca del arcoíris que duerme bajo la niebla.

A veces pienso en morir e irme de esta tierra, pero al final comprendo que vivir es resolana en medio de las tinieblas.

Viajo en busca del arcoíris día y noche; pero no lo encuentro.

En cada lugar hallo luces intermitentes como un rompecabezas, siempre incompleto.

Vivo en busca de algo que no tengo, al final del viaje nunca llego.

El arcoíris siempre se desliza más allá de mi mano extendida.

No puedo tocarlo, se derrite en medio de un día común a las 21:30.

Nada es especial, todo es ordinario y corriente cuando tu dolor es fuerte.

El dolor es tan intenso que te puede matar, te ahoga el pecho y no te permite respirar.

El dolor se diluye con una gota de amor, antídoto que da vida y fuerza.

El amor es la fuerza más poderosa del planeta.

Es una pena que vivamos toda la vida sin darnos cuenta.

Es como un secreto debajo de la tierra, sobre el mar, sobre las estrellas. Siempre está, pero es invisible a los ojos. Solo el corazón y el alma pueden ver esa belleza.

No hay un mañana, no hay un día después…

Solo el hoy es el futuro y la verdad más cierta.

El hoy es un poderoso señor que domina todo alrededor.

Que empinado es el camino del mañana escondido.

Una buena manera de pensar es ver el hoy como la única realidad.

¿No existe el mañana?

¿Dónde estará?

Tal vez sea como en esos sueños donde corres y corres, pero nunca puedes llegar.

Más allá del dolor y de las terribles pruebas de la vida, solo tenemos el hoy.

Quién tenga la dicha podrá contar con el amor de su familia, quién está solo cuenta con el latido de su corazón y el aire que respira.

La vida es simple, tenemos que abrazar, besar, bailar, brindar, disfrutar, hoy, no postergar nada para un mañana irreal.

Hoy es una nueva oportunidad de vida y no la voy a desaprovechar.

Vivo todos los días lo mejor y más feliz que puedo porque la vida es efímera y cada día que despierto solo sé que tengo el hoy… y eso es un milagro, el mayor milagro de la vida.

La vida es un misterio.

Hay que descubrirla.

Hay que deshojarla como una margarita.

Al final del camino el arcoíris con seguridad estará encendido con todos los colores y los sabores de la vida.

Siempre tienes la oportunidad de elegir un camino que te haga feliz.

La búsqueda de esa senda es lo que da el sentido al ritmo de la vida.

Hoy elijo mi camino correcto.

Aquí y ahora soy el timón de mi destino.

En la proa el arcoíris dibuja la tez dorada de la vida.

Puedo acariciarla si estoy dispuesta a vivir la resolana y alejarme de las tinieblas, porque en la resolana está el arcoíris y la olla de oro de la fortuna de la vida.

Mi amor

Yo te amé tanto...

¿No lo supiste?...

No importa.

Ya pasó nuestro tiempo.

Ya las butacas están vacías.

Ya no hay más funciones de amor en nuestro escenario.

Solo quedan tus ojos claros dormidos en mis párpados.

Solo quedó la espera... y un nuevo fracaso.

Tal vez lloremos juntos, aunque nos consuelen otros brazos.

Yo te amé tanto mi amor... y todavía te amo.

Corceles flacos con patas largas

Duele tanto que desgarra el alma.

Es un dolor que ahoga y quita el oxígeno...

Cuando miré hacia atrás ya te habías ido.

No supe qué hacer.

No supe cómo vivir y tampoco supe cómo continuar. Solo continué, pero sin rumbo fijo, solo dando tumbos.

Eras un sol tan grande en mi vida que hasta las noches tenían nubes celestes.

Eras un mar tan cristalino que los peces eran cómo diamantes movedizos.

Esos diamantes que siempre siempre siempre surcaron mi pecho en busca de los latidos de mi corazón.

Reclinar mis ojos sobre tu núcleo era el principio y el fin de la fiesta de la vida.

Las lágrimas siempre fueron dulces a tu lado porque todas eran de alegría...

Ahora ya conozco el sabor amargo y salado de la soledad porque ya no tengo tu pecho para reclinar mi rostro, mis ojos, mi frente y mi cabello...

Tampoco tengo la fragancia de la brisa que se desataba cuando llegabas y se apaciguaba cuando te ibas.

No sé cómo seguir...

No sé a dónde ir...

No sé cómo vivir...

Todo mi mundo se edificaba en tus pestañas, en ese abrir y cerrar de ojos que eran mi universo y mi catedral.

Te extraño muchísimo, tanto que no se puede expresar con todo el abecedario.

Te amo sí, no lo puedo negar, porque sería como negar mi misma existencia.

Sería negar que allá afuera hay pajaritos cantores y amarillas flores que garabatean promesas.

Seguí

Seguí

Seguí

Y un día sin darme cuenta habían nacido más de un millón de pimpollos que fueron rosas fragantes y luego pétalos marchitos.

La lluvia había llenado muchísimos diques y la nieve había coronado infinitamente la cordillera.

El tiempo voló en corceles flacos y con patas largas que apresurando el paso surcaron más de veinte inviernos fríos y mojados.

Todo era reminiscencia de un pasado, todo era pasado e incluso mi cabellera mostraba luces blancas escondidas como un matorral plateado que brota tímidamente, entre un violáceo atardecer.

Todo era pasado, las fotos escondidas en un ropero eran pasado, los recuerdos amarillentos rasguñando el corazón eran pasado, las cicatrices de dolor eran pasado, las risas guardadas ya solo eran cómo una mueca porque también eran pasado.

Todo era parte de un maldito pasado excepto el dolor latente que mi alma seguía desgarrando.

¿Qué veo dentro de los ojos de un amigo?

Veo un mundo.

Un universo.

Veo el amor como un remanso.

Veo el canto de la pradera.

Veo el cielo celeste luego de la lluvia.

Veo promesas.

Veo esperanzas verdes cómo madreselvas.

Los ojos de mi mejor amigo son marrones y a veces parecen miel pura y brillante, dulce néctar que me alimenta el alma por dentro y por fuera.

Mi amigo no es como otros amigos, él es único, especial e irrepetible.

Mi amigo no habla.

El solo me escucha.

A veces nuestros corazones conversan cuando nos abrazamos por largo rato.

Mi amigo no es humano, es superior a mi raza, porque él navega el cielo en sus cuatro patas. Es como un ángel que Dios me ha prestado.

Ladra y aúlla a la luna y se regocija con las caricias del sol.

Tiene un don muy especial: siempre está contento, siempre luce su alegría a los cuatro vientos.

Mi amigo y yo creamos un mundo nuevo y maravilloso y lo habitamos a diario.

Gemidos de primavera

Septiembre en San Luis, ciudad de Cuyo, ubicada en el corazón de la Argentina, un país grande lleno de diversidad, paisajes exuberantes y animales majestuosos.

Desde el cristal puedo ver toda la luz del alba, el paisaje serrano gime la juventud de las primeras hojas verdes de los árboles que van naciendo como retoño de savia secreta que oculta una flor.

Muy cerquita un lago hermoso se hace reflejo del sol que lo encandila y lo hace brillar con un reflejo estelar casi plateado con destellos de dorados, chispeante de oro y diamantes. Revolotean las mariposas y saltan las ranitas por el agua tibia, gozando el calorcito del sol que las acaricia.

Es un treinta de septiembre y la primavera comienza a gemir.

Un cielo turquesa se abre como abanico y me acaricia el rostro con un suave terciopelo sabor a néctar y agua marina, todo es un espectáculo para el cuerpo y para la vista.

Llevamos la felicidad a la orillita del rio para tocar el césped y respirar el aire puro del verdor que se desprende del vegetal florido de la sierra puntana.

Aquí dentro de mi tengo todo: pulmones llenos de aire puro para respirar, ojos vivos para mirar la maravilla de esta majestuosidad, manos para tocar las flores, las hojas verdes y los otros sentidos para llenarme el alma para amar.

La vida es efímera, un misterio que nunca podremos descifrar.

La vida es hoy, la vida es aquí, la vida es ahora y es todo lo que podemos saber cómo un secreto que no se puede ocultar.

Al alcance de la mano esta todo, el amor, la dicha, la prosperidad, todo está dado para tenerlo a borbotones, a mano llena, a montones, todo es nuestro, solo depende de la decisión de tomarlo y disfrutarlo, todo depende de la actitud de nuestra vida de ir al encuentro de la belleza de la vida misma y del amor que está en todos lados, incluso en el néctar silvestre de una flor, que se abre para mostrar su vestido colorido y alegrarte el corazón.

Si te pones triste piensa que la semilla de la vida es un secreto que debes cultivar con amor para cosechar felicidad, la tristeza no debe ganar lugar, la tristeza se debe desmalezar, solo debemos cultivar amor, paz y felicidad. Si los sembramos a montones cosecharemos la dicha de una vida en plenitud a cada paso, a cada momento del día.

El secreto de la vida es una pequeña semillita que se siembra en el corazón y debe abonarse para que el verdor florezca y vibre en el alma como una música resonante que te hace sentir feliz.

La vida es un constante recuerdo.

La vida es hoy, pero trae resabios de ayer, a veces para bien otras para mal. La vida es un misterio que no podemos descifrar.

Las guitarras chispean,

los brotes del alba cantan,

el perfume de las flores acaricia el alma.

Amorosa es la vida,

ardiente es el corazón cuando ella te mira,

las pupilas se llenan de alborada,

con el salpicar de una brillante mirada.

Espejos microscópicos tiene el rocío,

brilla el poleo,

el cedrón perfuma el suelo.

Abrazando la luz de un amanecer

los sueños se despiden de la penumbra.

Dios se hace presente en la luz y en un fresco
manantial.

Galardón de una promesa es la fiesta de la vida.

El cielo se enjuaga con un soplo de ilusión.

El protagonista es el presente, porque el pasado y el
futuro quedan ausentes en este instante infinito.

Los sueños

Gotitas de esperanza

que salen del corazón.

Pedacitos de ilusión

que brotan del alma.

Los sueños, eso son.

También son espuma de mar,

pompas de jabón,

colores del arcoíris,

aroma de una flor.

Los sueños son gaviotas,

nieve clara,

bandadas de pájaros,

mar celeste,

cielo rojo,

puñado de arena blanca,

arándanos en flor.

¡Qué lindo es soñar!

¡Qué hermoso es sentirse vivo!

cada día,

cada noche,

cada amanecer.

¡Qué linda es la vida!

¡Qué bello es el amor!

¡Soñar es hermoso!

Pero,

¡vivir los sueños es mejor!

Gotitas

A la tardecita, cuando llueve

se produce un mágico espectáculo.

Es hermoso ver las gotitas de lluvia

en las hojas de las plantas.

Se encienden como minúsculas antorchas y acarician a las hojas, mientras se deslizan en toboganes de agua clara.

Caen al piso y salpican carcajadas.

Esto tan simple y magníficamente bello puede curar las enfermedades del corazón,

Abrir las alas a los más bellos sueños, dejándolos llegar al cielo.

Pimpollos, brotes y hojitas color limón se salpican de este néctar y duplican su fulgor.

Las mágicas gotitas van y vienen,

bailan con brillantes trajes.

Sonríen chispeantes.

Alumbran la tarde y abren la noche con retazos de canela, menta y lentejuela.

Ángeles de dulzura bañan sus alas con las gotitas de agua clara y luego se elevan al cielo para hacer llover magia.

Gotitas.

Gotitas de lluvia.

Gotitas que encienden la esperanza.

El secreto

Una ventana y un lago que se asoma.

Ya es tarde y las grisáceas luces se apoderan del agua y la mezclan con los árboles desvestidos por el invierno.

Todo se convierte en una negra sombra que tirita de frío.

Un pensamiento se asoma y se apodera de mí:

la verdadera grandeza está en la humildad del corazón.

El tesoro que guarda el otoño

Las hojas del otoño cubren de oro el jardín de mi casa.

Crocantes hojas hacen ruido al caer y dejan polvo de estrella cuando se rompen a carcajadas.

Dejan trocitos de luces amarillas, corales, algunas rojas y otras plateadas.

A veces también dejan un pequeño rastro como miguitas de pan desparramadas.

¡Qué hermoso escenario!

Matizado con el sonido de la mañana que se enciende por todas partes con notas anaranjadas.

Loros, reyes del bosque y pájaros carpinteros cantan ópera en el jardín de mi casa.

La ropa tendida en la cuerda baila con el viento una divertida danza.

Las prendas van y vienen al compás de los colores, se inflan y se aflojan. Se hacen finitas y se ensanchan.

Se ríen y se enjuagan, desparramando gotas al ritmo del viento que las acaricia y las plancha.

Esto me hace sonreír, me río a carcajadas.

De pronto la curva de una sonrisa se queda dibujada en mi boca y no quiero quitarla.

Esto me endulza y me alegra la vida con un sabor especial a miel otoñal tibia y acaramelada.

Descubro la importancia de disfrutar este pedacito de tiempo que permanecemos en la tierra siendo millonarios con el tesoro de la naturaleza.

No hace falta seguir rastros ni mapas para encontrar tesoros de piratas.

Aquí está la riqueza, en el jardín de mi casa.

El tesoro que guarda el otoño... lo encontré una mañana de junio cuando menos lo esperaba.

El patio de mi casa está cubierto de esmeraldas

El patio de mi casa está cubierto de esmeraldas.

Finísimos diamantes como minúsculos espejos que brillan y con el agua del rocío se bañan.

En el patio de mi casa hay jilgueros que cantan,

pájaros carpinteros que despiertan un concierto de música clásica.

En el patio de mi casa tengo un cofre de tesoros, pero no está enterrado, ni escondido.

A plena luz del día se muestran las joyas para que todos puedan gozarlas.

Son diamantes, esmeraldas, oro y otras riquezas de valor incalculable.

Todo está intacto y a nuestro alcance para hacernos millonarios de la noche a la mañana.

En el patio de mi casa hay un tesoro que se renueva día a día con el nacimiento de la mañana.

Es oro puro que a la luz del sol se cuela en bateas llenas de luces que se desparraman, esparciendo colores de arcoíris desde que amanece hasta que cae el alba.

En el patio de mi casa hay un tesoro,

soy infinitamente rica

y lo mejor es que puedo compartirlo.

Por eso los invito:

a disfrutar,

a sonreír,

a vivir.

¡Son bienvenidos a mi casa!

Navidad

Es la época más tierna del año.

Grandes y chicos soñamos el mismo sueño.

Tenemos la enorme ilusión de recibir la Navidad.

¡Esperanza!, ¡felicidad!,

Luces intermitentes, se encienden, se apagan y vuelven a brillar.

Velas que iluminan, más allá de la oscuridad.

Aromas que se desprenden,

Alegría que inunda el pecho hasta estallar,

lluvia de ternura de los niños que sueñan con el trineo que a media noche el cielo va a surcar.

El firmamento se tiñe de colores, alumbrando el misterio

Porque al sonar de la medianoche un ángel cada hogar visitará...

Duerme niño duerme...

Sumérgete en el más dulce sueño

La primera estrella del cielo te acunará...

¡Ha llegado el gran momento!

Momento especial para abrir el corazón y cantar,

entonces, cantemos todos

porque el niño Dios está naciendo.

La Virgen dio a luz en Belén al salvador de la humanidad.

¡Celebremos la Navidad!

Querido Niño Dios: quiero pedirte un regalo muy especial,

que todos los corazones del mundo se iluminen y se llenen de paz.

Que todas las personas en esta Navidad tengan un hogar colmado de AMOR.

Que todos los niños rían y canten.

Que el mundo se una y se hermane en esta dicha tan especial que nos brinda la Navidad.

¡Feliz Nochebuena!

¡Feliz Navidad!

Abramos los corazones y recibamos la felicidad.

El niño Dios ha nacido y nos trae prosperidad.

Primera fila en el teatro de la vida

La noche se aleja con destellos de violeta y chispas renegridas que agonizan ante el nacimiento del día.

Todo el universo ante mis ojos se va encendiendo tímidamente con azules, amarillos y rubores carmesí.

Me levanto a contemplar la magia de la naturaleza que se desviste ante mí.

La retina de mis ojos se llena de luces y en mi interior algo se enciende mágicamente.

Hace mucho frío porque es julio y el invierno trajo nieve y escarcha para enfriar los prados.

Una taza de café y dos tostadas son el banquete más exquisito para acompañar esta maravilla de la vida que se despliega ante mí.

Cada amanecer es distinto y la belleza no tiene fin.

En este teatro tengo primera fila, soy muy afortunada por tener la dicha de observar tanta magia que me llena el alma hasta desbordar y hacerme feliz.

Que rico café y que agradable sabe el pan tostado.

Todo es exquisito cuando la vida se abre y te brinda la dicha de vivir.

Apacible

La vida transcurre apaciblemente por esta parte del mundo.

Los últimos calores del verano están dejando crocantes hojas que se desmoronan como miguitas de pan tostado.

Caen y se salpican de marrón y anaranjado.

Juegan y dan brincos.

De pronto se alejan sobre un remolino, chispeantes de oro blanco.

Apacible y majestuoso un rojizo amanecer guiña un ojo sobre las sierras renegridas que se están despertando.

Mediodías soleados.

Atardeceres carmesíes.

Anochecer púrpura, aromando los álamos con fragancia de anís mentolado.

La sonrisa de un niño

Mañanas frescas y alegres vestiditas de blanco.

Los guardapolvos de los niños flamean con el viento de marzo.

Las mochilas cargadas de cuadernos rayados y cuadriculados.

Camino a la escuela se escuchan risas por todos lados.

Caramelos, chupetines, maní con chocolate y palitos salados, son algunas de las delicias que dejan los bolsillos inflados.

Qué bonito espectáculo, con sonrisas y alegría en cada esquina nos tropezamos.

Preciosos ojos llenos de luz y alborada, mejillas rojas como manzanas, dientes ralos, corazón ilusionado.

La sonrisa de un niño es el más bonito regalo para Dios.

No hay nada más puro, suave e inmaculado.

Café del alma

Café por la mañana

aromatizador de emociones.

Despierta sensaciones guardadas.

Recuerdos olvidados se hacen presente en cuerpo y alma.

El aroma del café es un viaje de sensaciones placenteras que al alma cosquillean.

No hay nada más bello que tomar una taza de café con el ser amado.

Crocancia

Contemplar la belleza de la naturaleza es algo maravilloso.

Es algo que no se puede explicar con palabras porque solo se puede sentir con el alma.

Los ruiditos que hacen las hojas crujientes al caer de los árboles otoñales dejándolos semidesnudos.

Su textura rojiza ofrece un terciopelo a la mirada.

Suaves y brillantes trocitos de savia que un día fueron verdor y hoy son crocancia.

La naturaleza es un espectáculo en continua transformación.

La maravilla de un sol que te da vida, calor y un sabor inigualable a magia.

La verdadera felicidad está adentro de tu corazón

El mundo entero avanza hacia la tecnología,

pero cada vez hay más personas solas y tristes.

La soberbia de los hombres todo lo destruye.

El corazón se oculta y se marchita ante la indiferencia del ser humano.

No florece la esperanza ni se asoma la primavera en los labios de la gente para pronunciar frases de amor.

El mundo avanza, pero las personas retroceden.

Ya no se miran a los ojos. Ya no contemplan amaneceres.

Los padres ya no conversan con sus hijos y se ha perdido la calidez del hogar.

Todos miran las pantallas (TV, celulares, computadoras, etc.) pero no se miran a los ojos para ver adentro del corazón.

El verdadero secreto de la vida no está afuera,

sino adentro del espíritu, bien profundo en el amor.

Ya lo dijo el principito: lo esencial es invisible a los ojos...

La verdadera grandeza está en la humildad.

La felicidad es hoy, es ahora, es aquí, y no está afuera, está adentro de nosotros.

Un pequeño titán

Cuando Marcos salió del hospital, luego de vivir por siete años en la sección de oncología infantil por un tumor maligno, comenzó a enfrentar sus más terribles miedos. Mil preguntas vinieron a su cabeza: ¿tendría amigos?, ¿qué experiencias viviría el primer día de escuela?, ¿cómo serían los maestros?, ¿cómo sería almorzar con otras personas, de qué hablarían?

Lo que para otros era común y ni siquiera les requería pensar en ello, porque era lo natural, **para él constituía todo un desafío**.

El primer día de clases se dijo a sí mismo que enfrentaría las cosas tal como vinieran. Con sus trece años, ya se sentía un pequeño hombrecito, aunque solo fuera un niño por dentro.

Marcos era como una mariposa que emergía de la crisálida: **se sentía aún débil, pero con ganas de conquistar y descubrir el mundo**.

«¿Dónde quedó su niñez?», se preguntaban sus padres, sabiendo que la había dejado en el hospital, entre tantos tratamientos invasivos y dolorosos.

«¿Cómo ha llegado tan rápido la adolescencia?». Esa era la realidad ahora: vivir una nueva etapa llena de misterios, que debían ser descifrados.

En su corta vida, Marcos había soñado con algo día tras día. Durante los largos años que permaneció en el hospital, continuamente visualizaba su salida y **se imaginaba formando parte de un equipo de**

fútbol. Abrigó tanto ese sueño en su pecho que fue el combustible que aceleró su recuperación.

El primer día de clase no fue fácil, todos lo miraban como a un bicho raro. No era parte de ningún grupo, no tenía afinidad con nadie.

Los niños suelen ser muy groseros y crueles a esa edad y en aquel salón de clases no hubo excepciones a esta regla. Al verlo con su gorra permanente, se comenzaron a burlar de manera incesante y le pusieron el apodo de «sombrerito». Luego, cuando se sacó la gorra y vieron su calvicie (debido al intenso tratamiento de quimioterapia), inmediatamente pasó a ser «el pelado». Pero para Marcos **nada de eso era importante y menos desmotivador**, ya que había pasado por mucho dolor durante largos años en el hospital. Así que nada ni nadie lo apartarían de su alegría de vivir libre como tanto lo había soñado y de ser «un chico normal», como él se sentía ahora.

Las mayores lecciones aprendidas en el hospital habían sido el amor y la gratitud. Él siempre repetía su mantra favorito: **«Estoy feliz y agradecido de estar con vida»**.

Con el tiempo, a este mantra lo fue ampliando y lo hizo su himno, porque lo cantaba con la sintonía de los latidos de su corazón y lo recitaba con fervor en el silencio de su alma. Sus pensamientos estaban impregnados de este delicioso néctar, que era vivir a la luz de la felicidad y la gratitud.

- Estoy feliz y agradecido de respirar.

- Estoy feliz y agradecido de poder caminar.

- Estoy feliz y agradecido de tener comida en mi mesa.

- Estoy feliz y agradecido de beber agua pura.

- Estoy feliz y agradecido de tener una familia que me ama.

- Estoy feliz y agradecido de poder asistir a la escuela.

- Estoy feliz y agradecido...

La lista era interminable. A veces se quedaba dormido repitiendo este mantra y haciéndolo infinito, dando gracias por todo lo que tenía en su vida. También había decidido agradecer por lo que no tenía, pues consideraba que, **si era agradecido por las cosas que le faltaban y por las limitaciones que tenía en su vida, esas cosas llegarían y esas limitaciones se achicarían**.

Un día el profesor de Educación Física comentó que debían formar un equipo de fútbol para competir en un campeonato con otros colegios de la región. Invitó a los interesados a inscribirse y explicó que habría unas pruebas para elegir al equipo que representaría a la escuela en el torneo de fútbol.

Marcos comenzó a levantarse dos horas antes de ir a la escuela para entrenar con la ayuda de su papá. Lo hizo con tanta constancia y motivación que quedó seleccionado para el equipo de su escuela.

Fue inquebrantable en su entrenamiento; a pesar de haber quedado seleccionado, continuó entrenando día tras día. Al ejercicio físico diario le agregó una dieta saludable y muchas sesiones de risoterapia, que era algo que había aprendido con los payamédicos en el hospital. Las terapias de risa eran verdaderamente maravillosas para levantar el ánimo, dar confianza y sentirse seguro y todopoderoso, fuera donde fuera, así que continuó haciendo todo eso a diario.

Para este niño, **el hospital había sido una universidad, porque allí aprendió la maestría de amar**.

A las terapias de risa le añadió las terapias de cariño. ¿De qué se trataba esto? Era algo simple y maravilloso. Se trataba de enviar amor a diario a todas las personas de su entorno. Decía «te amo» a cada persona que miraba a los ojos; esto lo hacía en silencio, y una energía tan positiva se desprendía de su mirada que inmediatamente los ojos de la otra persona se llenaban de alborada, **aparecía ese brillo único que solo lo da el amor cuando es verdadero**.

- Te amo.

- Te amo.

- Te amo.

- Te amo.

- Te amo.

Lo decía tantas veces que ya tenía estas dos palabras como un tatuaje en el alma, algo invisible a los ojos humanos, pero con un poder capaz de levantar un imperio de amor verdadero.

Él siempre decía: «¡Todos somos libres de amar! Por eso no tenemos necesidad de vivir esclavizados en el odio. **Es necesario "soltar" todo sentimiento negativo y reemplazarlo por amor puro**».

La peor cárcel para un ser humano es el odio, el rencor y la falta de perdón, no hay peor encierro que ese campo de concentración...

Así poco a poco fue ganándose un lugar en los corazones de todos, tanto de maestros como de compañeros. Veían en él algo especial, como una incógnita imposible de descifrar. Algo tenía…, pero nadie sabía qué era, solo se rendían ante los encantos de esa mirada llena de microscópicas lucecitas, capaz de encender mil antorchas a la vez.

Las semanas transcurrieron muy rápido y al fin llegó el día del torneo. Los equipos de las escuelas eran excelentes y no era fácil ganar cada partido, pero el equipo de Marcos era el favorito, con él a la cabeza como goleador y capitán. Este puesto no se lo ganó gratis ni al azar, sino que **fue producto de su liderazgo y constancia en entrenar dentro y fuera del campo de juego**.

Los fines de semana hacían prácticas en su casa e invitaba a sus compañeros y compañeras a saltar, correr, nadar en el río y, luego de tanta diversión y deporte, siempre finalizaban el día con un pícnic con galletitas de avena, jugos exprimidos, sándwiches de verdura y tantas otras delicias nutritivas y saludables que preparaba su mamá para todos los chicos.

Marcos era vegetariano por elección y por compasión a los animales, a quienes amaba. Él consideraba que no debían ser asesinados para que las personas se alimentaran con su carne. Por eso, su dieta se basaba en vegetales, frutas, granos, cereales y tantas otras cosas ricas que lo nutrían sin la necesidad de comer carnes. Había demostrado a todo el mundo, a sus doctores, a sus padres y a la familia en general, que **se puede ser un gran deportista sin la necesidad de comer carne animal**. Por eso sus padres, siguiendo su ejemplo, también se hicieron vegetarianos; luego sus abuelitos y así, poco a poco, casi todos los miembros de su familia se sumaron al clan verde esperanza, como él lo había bautizado.

La final se acercaba y todos sabían que el último partido sería reñido, porque se enfrentaban los dos equipos favoritos. Ese día Marcos se esforzó más que nunca e hizo dos goles, y así logró el tan anhelado triunfo. Todo el colegio lo ovacionó, su equipo fue el ganador del torneo y todos reconocieron «al pelado» como el goleador y el más destacado jugador.

Cuando sus compañeros supieron que él era un sobreviviente del cáncer y que había pasado siete años de su vida internado en un hospital, no lo podían creer. Sintieron mucho respeto y admiración por él y le pidieron disculpas por haberse burlado. A partir de ese día, jamás volvieron a tratarlo mal; todo lo contrario, lo respetaron y le brindaron cariño y amistad. **Desde entonces lo rebautizaron como «Titán».**

Aquel jovencito con un pasado tan doloroso ahora estaba viviendo una vida que de verdad valía la pena, no porque se la hubieran regalado, sino porque luchó como un verdadero titán para edificar un presente colosal, para construir un imperio de amor terrenal.

Decálogo del compromiso

1. Solo por hoy me comprometo conmigo mismo a cumplir todos mis sueños y hacer realidad los más elevados anhelos de mi corazón.

2. Solo por hoy me comprometo con el universo infinito.

3. Solo por hoy me comprometo con mi comunidad, sirviendo de todo corazón y superando las expectativas de las personas que me rodean.

4. Solo por hoy me comprometo con mis amigos y con mi familia; seré atento, servicial y cariñoso; cada vez que compartamos un tiempo de calidad, estaré presente en cuerpo, alma y espíritu.

5. Solo por hoy me comprometo con mi pareja; entregaré todo mi amor en cada momento que compartamos, en las situaciones buenas de la vida y también en aquellas adversas, porque unidos podemos superar cualquier tempestad.

6. Solo por hoy me comprometo con la naturaleza; cuidaré y respetaré el hogar que compartimos los seres humanos: este planeta, cuidando cada gota de agua, cada milímetro de tierra, cada planta, sabiendo que, si cuido nuestro hogar, nuestro mañana será un edén sin fronteras.

7. Solo por hoy me comprometo con el reino animal; respetaré a cada ser vivo que habita este planeta,

sabiendo que todos merecemos paz, respeto, cariño
y amor.

8. Solo por hoy me comprometo con la vida, haré que
cada día de mi existencia sea maravilloso por el solo
hecho de abrir los ojos y tener una oportunidad más
de vivir y de sonreír.

9. Solo por hoy me comprometo fervientemente con
mi espíritu, haciendo que cada rincón de mi interior
crezca cada día un poquito más con amor, valores
y respeto.

10. Solo por hoy me comprometo con mis hijos; si
tengo la dicha de ser madre o padre, doy gracias a
Dios por ese milagro y construyo para ellos una
existencia maravillosa. Los amo y los respeto de
manera incondicional en todas las situaciones de la
vida, aun en las adversas, por lo que me esforzaré
para que nuestra familia siempre habite en un
paraíso terrenal.

Robar el color de una flor

Permanecer al lado de una flor

robarle el color,

guardarlo en el corazón y al cerrar los ojos sentir una suave sensación.

La luz atraviesa una hoja verde y la convierte en limón.

La luz titila a través del sol,

capaz de transformar lo cotidiano en algo espectacular.

El amarillo del otoño pelea con el verde primaveral: ¿Quién ganará?

Los árboles se visten de colores mixtos, texturados, crujientes y acaramelados.

Todo el fulgor de abril se representa en los prados.

Chispeantes mediodías con calorcito que abriga, que cobija.

Deliciosos atardeceres con un color rojo morado, que anuncia tímidamente que el invierno va llegando.

Las espumosas nubes forman un escenario donde las aves revolotean y dan una función de teatro.

Es un sueño hecho realidad que abril lo ha representado.

Titilando fulgor como una interminable vía láctea.

Los colores otoñales en el prado quedaron plasmados.

Son esos colores los que te abrigan el alma y te dan la dicha incondicional que tanto necesitas.

¿Te atreves a descubrirla?

Querida amiga

Tu sonrisa es especial.

Tienen tus ojos ese color del mar cuando el sol alumbra y se mezclan los matices,

cuando cae la tarde y los pájaros se van a descansar.

Tu alegría está presente a cada momento y es muy grato compartir un delicioso café y una charla cálida.

Que linda es tu casa, tan acogedora,

pero tú presencia la hace más especial.

Me pone feliz recordarte porque siempre te veo con una sonrisa, tan linda y alegre que me contagia esa elegancia y esa gracia natural.

Más que una amiga,

una hermana es como te siento y la que me hubiera gustado tener para compartir muchas cosas lindas a lo largo de la vida.

En este mundo donde todo va de prisa y el tiempo es tan efímero quise tomarme un momento para expresarte mi afecto a través de estas palabras.

El tiempo es muy veloz y como decía Carlos Gardel: veinte años no es nada... pero los recuerdos son todo y a través de los textos y de las fotografías podemos cultivar un gran tesoro.

Por eso guardo un lugar muy especial para ti en los más bonitos recuerdos de la amistad y de la familia.

Mis mejores deseos quedan eternamente para ti.

La amistad es el más bello tesoro que los seres humanos podemos cultivar y compartir.

Tu hijo. Mi hijo

Te vi durmiendo en la vereda

con la ropa rota y los pies descalzos.

Te vi crecer en la calle

a veces en la estación

a veces en el patio de al lado.

Nadie te dio cariño,

nadie te dio un beso,

nadie te dijo te amo.

Fuiste hijo de todos

y nadie te conoció.

Fuiste hermano de otros hijos que crecieron solos como tu corazón.

Hijos de padres de una noche

y esclavos de una vida de dolor.

Pequeñas almas que caminan por el mundo

mendigando una migaja de amor.

¡Niñito no sufras!

Dios abrió sus brazos esta noche y hará latir tu corazón.

Cambiará la historia del mundo:

ya no habrá más hambre

y todos juntos cantaremos una canción.

Ya no tendrás tus ojos tristes...,

ya no morirás sin cariño.

Vivirás una vida feliz llena de amor.

Felicidad y alegría

FELICIDAD es ver tu risa, ésa sonora poesía que llena la casa de vida.

ALEGRÍA es verte iluminar mi vida con tu rayito de luz que siempre titila.

FELICIDAD es sentir tus manitos suaves cuando me acarician.

ALEGRÍA es soñar contigo, eso me llena de gozo y, a la mañana siguiente, despierto con una sonrisa.

FELICIDAD es darte un beso saborizado con las más ricas delicias del amor cotidiano.

ALEGRÍA es la que siento cuando escucho tu voz que me anima y me alienta a seguir adelante día tras día.

FELICIDAD y ALEGRÍA pusiste en mi vida desde que llegaste querida hija.

Cuando estás a mi lado me siento mejor

Cuando estás a mi lado me siento mejor.

Tiene tu sonrisa un poder curativo,

un don mágico que me ilumina el alma y me hace cosquillas,

entonces en mis labios también se dibuja una sonrisa.

Cuando estás a mi lado me imagino que el arcoíris brilla y brilla.

Me cuelgo de lo más alto de una nube y

me deslizo por ese arcoíris y caigo a la olla de oro para cubrirme con los tesoros que destellan tus pestañas pícaras.

Ese aletear de mariposas son pequeños racimos de vida.

Cuando estás a mi lado me siento mejor

porque a tu lado la vida tiene el mejor sabor.

Sabor a risa,

a carcajada,

sabor a beso,

sabor a cielo,

sabor a un te quiero,

sabor a caricias con helado de limón.

A tu lado la vida tiene el sabor del amor.

Imágenes del mar

A partir de la lectura del hermoso poema *Un boliviano con salida al mar*, de Mario Benedetti, he imaginado otro final para el poema:

Querida familia traigo a ustedes «imágenes del mar», ya que he tenido la dicha de ver personalmente a ese gigante en movimiento.

Quiero traer aquí, a las minas de Oruro, el sabor y los matices del mar de Europa, del mar mediterráneo, para que ustedes puedan llegar a saborearlo con mi relato.

Querida familia les diré que el mar es algo sin final, es algo eterno.

Sus aguas se mueven, avanzan incansablemente haciendo espuma blanca.

Se agitan y golpean contra las rocas, contra la playa y todo parece un cuento, una fábula en movimiento.

Y las olas… me preguntarán ¿qué son las olas? y les diré que las olas son montañas de agua que bailan con el viento.

Les diré que las olas son más grandes que todo el oro y el cobre que han apilado los orureños.

El mar de mañana es fresco, tiene un color verde oscuro y a medida que el sol va saliendo sus colores se entremezclan con las aguas y se tiñen de violeta, azul marino, púrpura y a veces gris y negro.

Pero cuando el sol sale a pleno: toda la gama de rojizos y amarillos brilla como el fuego.

Luego viene el mejor momento, cuando el mar en un instante se convierte en cristal azulino, se hace transparente a la luz del sol y luego termina en un brillante turquesa, el color más hermoso que nunca han visto, ni en sueños.

El mar, querida familia de Oruro, es toda el agua del mundo reunida en un gran estanque que brama y ruge como un león hambriento.

Dicha

Agradezco la dicha de estar viva,

de saborear cada nuevo día,

de sentir el beso del sol en mis mejillas.

Doy gracias por la brisa, por el viento que desordena los pétalos de las coquetas margaritas.

Doy gracias por el mar, por el agua, por las gaviotas pícaras.

Doy gracias a la vida por la naturaleza infinita.

Danzar

Danzar al compás de las aves en la tarde celestial,

sobre las nubes, sobre el azul del mar.

Danzar al lado de las flores y su néctar aspirar.

Danzar en los brazos de los árboles,

al compás del viento.

Dar vueltas en el prado,

mil vueltas hasta no poder más.

Danzar como una gacela

que en el bosque vuela,

que en el verdor se eleva.

Danzar con las madreselvas

con los colibríes, con los peces.

Danzar con la vida.

Danzar con la espuma blanca que se desprende de las olas.

Danzar con las gaviotas,

danzar con el mar.

Tus palabras

Nunca imaginé que tus palabras pudieran conmoverme tanto.

Tus palabras son poesía para mis oídos,

miel para mis sentidos.

Tus palabras se quedan dentro de mí y viven conmigo.

Tus palabras vienen del cielo y me hacen sentir la reina del universo.

Tu poesía me quema el alma,

estremece mis sentidos,

me vuelve a la vida.

Es como regresar una noche fría y encontrar una mañana tibia.

Tu palabra es la luz que alumbra mis días, es el viento que me lleva por el cielo y por la tierra, es la brisa que me eleva hasta un puñado de estrellas.

Tu palabra es el agua que viene del río a regar mi tierra.

Es mar turquesa,

racimo de nubes color violeta.

Tus palabras dibujan una hermosa sonrisa de chocolate y mi corazón se deleita.

Soy infinitamente feliz del cielo a la tierra y viceversa.

Luna de amor

Mira el cielo y contempla que linda está la luna.

Parece que las estrellas están bailando alrededor de ella, mientras se refleja en el mar.

También en el cielo de mi vida tú eres la estrella que baila en mi corazón.

La luna celeste nos mira

ruborizada,

encendida por el afecto que crece día y noche

convirtiéndose en amor.

La luna lo comprende y nos regala todo su fulgor.

Rubor

El rubor carmesí de la mañana hace cosquillitas en mi almohada.

Un espectáculo natural me baña el alma.

¡Amaneció!

Dios está acá y me abraza.

Escritor

El escritor se aparta del papel y de la pluma porque quiere descansar,

pero comprende que aún en sus sueños no puede dejar de crear.

Desprovisto de sus herramientas de trabajo las ideas se olvidarán, por ello no puede dejar sus armas.

Porque sin ellas sus ideas morirán.

Un escritor, un poeta, un compositor,

un ser humano que ha descubierto el arte de las letras

está destinado a escribir hasta en su hora fatal, cuando tenga que partir…

Y si en esa hora no cuenta con papel y pluma, se marchará de éste maravilloso mundo sin cumplir su voluntad final.

Sur

Tras las murallas de hielo, entre aquellos montes blancos descansa la naturaleza mientras llega el verano.

Las sombras de la tarde se han dormido ya en el ocaso.

Pronto vendrá la noche con su vestido plateado.

Caminará por los eternos senderos de mármol, mientras los astros celestes se mueven en el lago.

Talento

Mis manos se hicieron para escribir dijo el escritor.

Mis manos se hicieron para pintar dijo el pintor.

Pero ninguno de ellos tuvo en cuenta que el talento es un don que nos da Dios.

Maravilloso

Maravilloso día lleno de luz.

Hojitas doradas se balancean sobre el viento que las enjuaga.

Maravilloso día lleno de sol.

Hojitas rojas se columpian sobre la briza que las abraza.

Hojitas miel, limón y vainilla se lanzan por un tobogán

cuando se mezclan hacen un show teatral.

Pequeña ilusión

Ilusiones rotas.

Ilusiones mojadas.

Quedaron a medio camino olvidadas.

Se desprenden un día del corazón

cual pimpollo de septiembre.

Van transitando la vida en busca de un sentido.

A veces se abren puertas y otras hay barrotes y soledad.

Pequeña ilusión

hoy te apagas cual hoja otoñal...

¿Volverás?

¿El frío invierno te cobijará o te matará?

¿En la próxima primavera brotarás?

¿Serás rocío, pimpollo o soledad?

Pequeña ilusión

si regresas

mi corazón te cobijará.

Misterio

La vida es un profundo misterio

se diluye con cada suspiro.

Un pimpollo derrama polen y siembra esperanza.

Vivo cada día sin presencia porque estoy ausente.

Viajo en mi mente

me zambullo en la nostalgia.

¿Dónde estoy?

¿Qué hago?

¿Qué quiero?

A veces hay respuestas y otras encrucijadas.

¿Vivir por vivir?

¿Morir sin sueños?

A veces los pierdo, a veces los encuentro.

Se entretejen los anhelos en los más bellos sueños y
por fin encuentro el sendero.

Incógnita

De tus labios se desprende una frase y tus oídos la consideran incoherente.

Esa frase no puede ser incoherente pues tus labios solo expresan lo que quiere expresar tu mente.

Tu corazón no está de acuerdo pues él quiere sembrar nuevos anhelos y desea cultivar en el inconsciente.

Luego de un tiempo se pueden cosechar bellas palabras, porque de la mente ha brotado el amor, que el corazón ha cultivado pacientemente.

Profesional de la poesía

Un poeta es aquella persona que ama la poesía.

Es quien ama cada letra de su creación

porque sabe que les dio vida a las palabras del alma.

Yo no sé qué es la poesía…

solo sé que puedo escribirla.

Tal vez un poema esté formado por simples letras,

pues esas letras son parte de mi vida.

Solo los labios del poeta pueden darle nuevos colores
a la primavera,

pueden hacer que la tierra se eleve y el cielo baje a la
tierra.

La poesía es el arte que puede cautivar y conmover.

La poesía no tiene un espacio limitado,

es todo lo que el poeta pueda ver en su alma y
construir con ello un mundo de esperanzas.

Decálogo del amor incondicional

1. Da siempre el doble de lo que esperas recibir; si esperas un abrazo, deberás dar primero dos abrazos sinceros.

1. Procura que en tu vida haya déficit de tristeza y superávit de alegría. Debes sonreír más que llorar, excepto que las lágrimas sean de felicidad. Dedícate a reír mil veces por día.

2. El elogio es riqueza, la queja es carencia y pobreza. Embelleces al mundo si elogias mucho y te quejas solo por cosquillas.

3. Una vez al día, calla tu voz para oír tu alma. Tus sentimientos, almacigados como pimpollos, te darán las flores más bonitas.

4. La vida es poesía, recítala. Es pasión, siéntela con cada célula de tu cuerpo. Es intriga, descífrala. ¡Deléitate con el néctar de la vida como si hoy fuera tu último día!

5. Respeta la naturaleza y el reino animal tanto como tu propia vida. La grandeza de un ser humano se mide por el trato digno hacia animales y plantas.

6. No tomes atajos para vivir más de prisa, disfruta del camino tanto como la meta.

7. Haz del servicio tu vocación. Sirve al mundo en cada acción cotidiana como si de ello dependiera la salvación del planeta.

8. Enamórate de la ética y de la integridad. Construye sobre ellas los pilares de tu vida.

9. El amor no es teoría, es práctica. Comienza amándote en primer lugar, luego podrás dar amor a mano llena. No busques condiciones para amar, ama de manera incondicional, así tendrás la sabiduría de la eterna felicidad.

Recuerda siempre: el amor solo es verdadero cuando es incondicional. Porque el amor con condiciones no es amor, solo es miedo.

Descubrir

Descubre todos los días nuevos motivos para ser feliz.

Descubre ilusiones.

Hilvana sueños.

Descubre colores nuevos en los árboles y en las flores.

Descubre en tu corazón nuevas razones.

Descubre en un planisferio la posibilidad de infinitos viajes...

Venecia, islas Maldivas, la Polinesia Francesa, Noruega, Cabo Verde... la tierra de Cesaria Evora, la diva de los pies descalzos.

Descubre la aurora boreal, los mares turquesas, la historia antigua en la era moderna.

Nunca dejes de descubrir nuevas razones para deleitar tus sentidos.

Descubre un exótico y exquisito sabor, digno de una estrella Michelin.

Descubre una nueva melodía de Mozart.

Descubre otro misterio en el universo a través de la NASA.

Descubre una nueva obra de Pablo Picasso.

Descubre en el arte tu complemento perfecto.

Descubre mil razones para vivir cien años.

Descubre un nuevo cuento de Cortázar... porque, como decía Borges, «uno llega a ser grande por lo que lee y no por lo que escribe». Entonces, nunca dejes de leer y descubre nuevas obras para cultivar tu entusiasmo.

Volvamos a descubrir la vida y a conquistarla a cada paso…

Hagamos, como Cristóbal Colón, un viaje a tierras desconocidas… Con las tres carabelas: Santa María, La Niña, La Pinta, y agreguemos una cuarta: La Esperanza.

Lleva la motivación a flor de piel, como el capitán del Titanic, aun durante su hundimiento.

Nunca dejes de luchar por tus sueños, aunque los peores mares golpeen tu embarcación. ¡Sigue adelante! Vive apasionadamente, como un recién casado.

Descubre y encuentra nuevos motivos para ser feliz… ahora, aquí, en este momento, en este instante, en esta vida, en este planeta, en este universo.

No hay atajos, no hay secretos. El que busca siempre encuentra… y, cuando el alumno está preparado, el maestro llega.

Todos los días hay nacimientos y muerte.

Todos los días el mundo gira y se renueva.

La magia de la vida está en los misterios cotidianos.

Todos los días renace la esperanza.

¡Volvamos a sorprendernos y a vibrar de entusiasmo!

Acepto mi dolor

Acepto mi dolor.

Acepto mis fracasos.

Acepto todo lo que hice mal.

Acepto haberme equivocado en primera persona del singular.

Acepto el odio y la rabia hacia mi propia persona.

Acepto no aceptarme tal como soy.

Acepto sentir que no soy suficiente para otros.

Acepto no ser suficiente para mí misma.

Acepto mi sufrimiento, porque al aceptarlo, ya no tengo que fingir bienestar ante los ojos de los demás.

Acepto mi desconsuelo, porque al aceptarlo, es una forma de dejar de mentirme a mí misma y comenzar a hilvanar una nueva vida.

El día de San Valentín es todos los días del año...

Lee este libro tantas veces como tu corazón te lo pida, porque aquí hallarás amor a manos llenas, para iluminar tu vida.

¡Hasta pronto!

Este es el final del libro y el inicio de un nuevo capítulo de tu vida.

Deseo, de todo corazón, que estas humildes páginas hayan agregado en ti un profundo valor en diferentes aspectos.

Nos despedimos hasta el próximo libro.

¡Un abrazo lleno de amor!

Analía Exeni

¡S O R P R E S A!

Envíame una foto tuya con el libro a mi email:
autoresdexito@gmail.com

¡Recibirás un obsequio muy especial!

- ✓ **Te regalaré uno de mis libros** a tu elección (en formato electrónico).
- ✓ Tendrás un 15 % de descuento en una sesión de **Coaching para Autores de Éxito**, para que escribas tu propio libro *Best Seller*.

¡Yo soy tu coach!

Coach Profesional de Escritores.

www.analiaexeni.com

Biografía de la autora, Analía Exeni

Analía Exeni es una reconocida empresaria editorial y una prestigiosa poeta y escritora internacional *best seller*; sus más de cien obras literarias han triunfado en varios países y han ocupado los primeros lugares en los *rankings* de los libros más vendidos.

En su amplia carrera profesional de más de veinticinco años, se desempeñó como gerente de recursos humanos en empresas multinacionales y también fundó y dirigió su propia consultora de desarrollo organizacional, en la que formó líderes empresariales; algunos hoy ocupan cargos jerárquicos y otros han triunfado internacionalmente con sus propios emprendimientos. Impartió capacitaciones sobre liderazgo y desarrollo empresarial en empresas, universidades y colegios. Analía garantiza que «el talento humano es ilimitado, solo necesita ser desafiado».

En su gran labor filantrópica, ayudó a través de su fundación a personas e instituciones con entrenamientos para que «desarrollen su máximo potencial». Como experta en liderazgo, ha ayudado a miles de personas a alcanzar el éxito y la felicidad.

Es conferencista internacional, coach empresarial, licenciada en Administración de Recursos Humanos y máster en Administración de Negocios.

Con respecto a su labor literaria, afirma lo siguiente:

«Mi objetivo de vida es aportar herramientas para la construcción de un mundo mejor».

«Nací siendo escritora y partiré de este maravilloso mundo siendo escritora. Porque escribir, para mí, es como respirar o sonreír, es lo más natural del mundo y es lo que hago a diario con todas las células de mi cuerpo conectadas con el universo de mi espíritu».

«Escribo desde que tengo consciencia y uso mi razonamiento y mi pasión para escribir desde el alma. Aproximadamente a los diez años, comencé a escribir mis primeros poemas y cuentos y, hasta la fecha, sigo escribiendo con el mismo ímpetu de esa pequeña niña llena de frondosas ilusiones».

A lo largo de su vida, ha escrito y publicado más de cien libros de su propia autoría. Muchos de sus textos habían quedado archivados en el baúl de los recuerdos, pero, luego de atravesar por un cáncer y de tener la fortuna y la fortaleza de sobrevivir, ha decidido sacar a la luz todos sus libros inéditos. Por eso, paso a paso, su creación completa se está mostrando al mundo, y supera ya la centena de libros. Esta meta es la que la mantiene viva cada día y por lo que trabaja incesantemente, entregándose en cuerpo y alma.

Sus obras literarias han triunfado en varios países y han ocupado los primeros lugares en los rankings de los libros más vendidos en Australia, Brasil, Canadá, España, Estados Unidos, India, México y Reino Unido. A su vez, es coautora de decenas de libros en idioma español e inglés, junto con otros autores de diferentes países.

Escribe apasionadamente con el propósito de nutrir nuestra calidad de vida. Por un lado, sus libros de liderazgo, desarrollo humano, sus novelas y sus sagas de superación personal figuran entre las publicaciones más destacadas. Por otro lado, entrena en escritura a personas sin límite de edad, con diferentes oficios y profesiones, y con capacidades diferentes.

Analía nació, creció y vive en Argentina, país maravilloso, lleno de desafíos constantes. Las crisis que allí atraviesan permiten a sus habitantes aprender destrezas para no estancarse, innovar y crecer.

Ha fundado tres compañías: Éxito Consultora®, Academia Autores de Éxito® y editorial Ediciones Autores de Éxito® con idéntica misión: servir al planeta; además de la Feria del Libro Autores de Éxito® Texas 2024. Asimismo, es cofundadora de Sagas de Éxito® y de Universidad de Éxito®. A través de la Fundación Autores de Éxito®, colabora con personas que atraviesan enfermedades oncológicas, con sobrevivientes de cáncer y con personas con discapacidad para que puedan cumplir el sueño de escribir y publicar sus primeros libros. Le gratifican muchísimo las actividades filantrópicas.

Es la creadora del sistema de enseñanza Analibro®, que permite escribir un libro best seller con un método sistematizado, iniciando desde cero, y de Autores de Éxito Award®, prestigioso premio que se entrega a autores de todo el mundo que han logrado un rotundo éxito con sus libros. También ha creado el Premio Literario Analía Exeni Autores de Éxito®, otorgado por la editorial Ediciones Autores de Éxito® como reconocimiento al talento y la excelencia de autores de todo el mundo, acreditados a través de sus libros, que son semilla que germinará en favor de la cultura mundial. Asimismo, es la fundadora de los galardones Conferencistas de Éxito Award®, Emprendedores de Éxito Award®, Empresarios de Éxito Award®, Líderes de Éxito Award® y el sistema Gestión Integral del Talento Humano®.

A través de sus emprendimientos, se desempeña activamente en más de treinta países.

Entre sus múltiples actividades, trabaja junto a su hija, Delfina Piña Exeni, promoviendo su editorial y sus libros a nivel internacional. Asimismo, ha sido conductora del programa de radio y televisión digital Autores de Éxito®.

En más de dos décadas de trayectoria, ha cosechado mucha felicidad. El camino emprendido parece ser el correcto: a pesar de los golpes, se levanta con una sonrisa y con ganas de brindar a los otros lo más preciado de sí.

Ha recibido el doctorado honoris causa, distinción que fue otorgada en México el 21 de agosto de 2021 por el Colegio Internacional de Profesionistas C&C; el Colegio

Internacional de Profesionistas de la Educación y del CAPIE AC; la Academia Española de Literatura Moderna en México; la Academia Internacional de Ciencia, Arte, Cultura y Educación; la Columbus International Business School, y el Registro Nacional de Instituciones y Empresas Científicas y Tecnológica (RENIECYT).

Ha sido distinguida con el premio a la Integridad en Arkansas, Estados Unidos. También fue reconocida en México y en Argentina, naciones ambas donde disfruta dictando, como voluntaria, capacitaciones en hospicios y cárceles. Pero nunca las distinciones son el objetivo de su trabajo, aunque le resulte grato recibirlas y por ello se sienta honrada y agradecida.

Su mayor entusiasmo reside en dejar, a través de sus libros, una huella, un mensaje de esperanza y aliento; que perdure y florezca en infinitos corazones, de generación en generación.

¡Te invitamos a descubrir su universo!

www.analiaexeni.com

AGRADECIMIENTOS

¡Muchas gracias!

A Dios, mi fiel compañero de vida, mi motor, mi inspiración, mi eterno milagro.

A mi amada familia, a Delfina y a Sergio, por ayudarme y motivarme a ser una mejor persona todos los días, por estar presentes en las buenas y malas situaciones haciendo que todo el dolor valga la pena solo por gozar del privilegio de tenerlos en mi vida.

A mis padres, que me dieron el don de la vida y su amor incondicional.

A Marta Huerta y a Ramón González, de Contracorriente.com, Madrid, España, por crear la maravillosa portada de este libro con tanta excelencia y magia.

A mis lectores y clientes de todo el mundo: ustedes son mi razón de existir, por ustedes me levanto cada día enamorada y sigo escribiendo apasionadamente, entregándoles mi corazón. Muchas gracias por hacerme tan feliz. ¡Los amo!

A mis amadas mascotas, que me alegran la vida: Suske, Flaquito, y Osito.

A todos mis familiares y amigos alrededor del mundo: los llevo en mi corazón a cada uno.

Este libro cuenta con apoyo de

Otros libros publicados

Disponibles en todos los mercados mundiales de Amazon.

<u>EMPRESARIOS Y EMPRENDEDORES:</u>

- *Máximo potencial y liderazgo ilimitado: Los 40 hábitos de las personas felices y exitosas.*

- *Estrategias de Éxito para el nuevo milenio laboral: Nueva era «Big Bang Brain». La revolución de la creatividad y el talento humano.*

- Saga: *Mujeres y hombres de éxito.*

- Saga de liderazgo: *Liderazgo transformacional.*

- Saga de liderazgo: *Liderazgo para el éxito.*

- *Conferencistas de éxito. Vol. 1: Tu libro.*

- *Emprendedores de éxito. Vol. 1: Tú, autor.*

- *Empresarios de éxito Vol. 1: Tu empresa, tu libro.*

<u>NOVELAS:</u>

- *El olimpo del perdón: Un paraíso espiritual.*

- *Tatuaje en el alma.*

- *La tatuadora de sueños.*

- *Resiliencia: Una historia argentina.*

- *Amor incondicional.*

- *La brújula del amor.*

DESARROLLO HUMANO:

- *Yo sí puedo: 12 pasos hacia una vida maravillosa.*

- Saga de cuentos: *Sueños XXL.*

- Saga de cuentos: *Ama la vida.*

- *Mis 60 libros. Mis 60 proverbios.*

- *Mis 100 libros; mis 100 proverbios: Mi legado de amor para el universo*

- Saga de desarrollo personal: *Aquí y ahora.*

- Saga: *Mantras para ser feliz.*

SAGA *MUJERES DE ÉXITO:* LIBROS PARA CRECER SIN PARAR.

- *Mujer líder: No necesitas nada porque lo tienes todo.*

- *Mujer todoterreno: Cómo ser feliz y triunfadora en todos los terrenos de tu vida.*

- *Delfina: 15 cartas para el corazón de una mujer.*

- *Mujer imparable: Conquista tu vida.*

- *¡Soy invencible!: Mi lucha contra el cáncer ¡No le temo a la muerte! Porque... morir no es malo. Lo malo es vivir estando muertos.*

- *Súper mujer: Transformando el dolor en amor.*

- *Las mujeres argentinas somos invencibles.*

<u>SAGA *AUTORES DE ÉXITO*</u>: Vuélvete ¡INMORTAL! Trasciende a través de TU LIBRO.

- *Descubre el autor que vive en ti.*

- *Cómo escribir tu libro iniciando desde cero.*

- *De tu idea a TU LIBRO BEST SELLER: Estrategias para escribir, publicar y lograr un Best Seller paso a paso.*

- *FROM YOUR IDEA TO YOUR BEST SELLER BOOK: Strategies to write, publish and achieve to have a Best Seller book step by step.*

- *El alma de un libro: La trilogía.*

Y muchos libros más a tu disposición para deleitarte e invitarte a edificar tu propio paraíso privado.

¡Te espero en mi biblioteca!

Escribe TU LIBRO

¿Te atreves a escribir?... Esta es tu gran oportunidad de trascender.

▶**«Curso CÓMO ESCRIBIR TU LIBRO *BEST SELLER*»**

Con el método certificado Analibro® de Academia Autores de Éxito®.

- Entrenamiento de excelencia con herramientas profesionales y garantía de éxito.

- Capacitación 100 % *online* con entrega de certificado.

www.analiaexeni.com

Publica TU LIBRO

▶**Ediciones Autores de Éxito® te ofrece la oportunidad de publicar tu libro en todo el mundo y transformarlo en un *Best Seller*.**

¡Vuélvete INMORTAL!

Trasciende a través de tu libro.

www.analiaexeni.com

Te invito a conocer mi universo.

**Encontrarás un mundo de éxito y felicidad
en los libros que, con muchísimo amor,
escribí para ti.**

Te espero en Amazon: *https://lnkd.in/gPKXY-6*

Analía Exeni

www.analiaexeni.com

- Fanpage: Analía Exeni Escritora - Autores de Éxito
- YouTube: Analía Exeni Escritora - Autores de Éxito
- LinkedIn: Analía Exeni - Autores de Éxito
- Twitter: Analía Exeni - Autores de Éxito
- Instagram: analía.exeni.autores.de.exito

EQUIPO DE TRABAJO

Autora

Analía Exeni

Editorial Ediciones Autores de Éxito®

Editora

Analía Exeni

www.analiaexeni.com

Diseño de portada

Marta Huerta y Ramón González

Si te gustó este libro, por favor, deja un comentario positivo en

Amazon.

¡Muchas gracias!

Ediciones
Autores D·ÉXITO

Delfina Piña Exeni
Manager
Editorial Ediciones Autores de Éxito®
Academia Autores de Éxito®

Premio Literario

«Escribe un libro y deja tu legado de amor como semilla para un mundo mejor».

Ediciones Autores D·EXITO
Audiolibros D·EXIT
Fundación Autores D·EXITO
Academia Autores D·EXITO
Analía Exeni
Analibro

Analía Exeni – Autores de Éxito
www.sagasdexito.com
autoresdexito@gmail.com
www.analiaexeni.com